LES COUTUMES DE LA VILLE ET CHEFLIEU DE VALENCIENNES,

Homologuées ès Années 1540 & 1619.

A MONS,

Chez HENRI HOYOIS, Imprimeur & Libraire, Rue de la Clef.

M. D. CC. LXXVI.

AVERTISSEMENT.

LEs ſeconds *Nombres* qui ſe trouvent à la tête des Articles de chacune de ces Coutumes, indiquent les Articles de l'autre qui ſe correſpondent.

CHARLES par la divine clemence, Empereur des Romains, toujours Auguste, Roi de Germanie, de Castille, de Leon, de Grenade, d'Arragon, de Navarre, de Naples, de Secille, de Maillorque, de Sardaine, des Isles, Indes, & terre ferme, de la mer oceane, Archiduc d'Austriche, Duc de Bourgoingne, de Lothier, de Brabant, de Lembourg, de Luxembourg, & de Gueldres, Comte de Flandres, d'Arthois, de Bourgoigne, Palatin de Haynault, de Hollande, de Zelande, de Ferrette, de Hagenault, de Namur & de Zutphen. Prince de Zueve, Marquis du saint Empire, Seigneur de Frize, de Salines, de Malines, des Cités, Villes & Pays d'Utrecht, d'Ouerissel, de Groninghen, & dominateur en Asie & en Affrique. A tous ceulx qui ces presentes verront *ſalut. Comme puis nagueres à la Requête de notre Procureur général, les Prevoſtz, Mayeur & Eſchevins de noſtre Ville de Valenciennes, euſſent eſtez adjournez à comparoir pardevant nos amez & feaulx les Preſidens & gens de notre grand Conſeil à Malines. Affin de veoir declarer, abolir, annichiler & caſſer certain cayer & livre des Couſtumes de ladicte Ville, Banlieu & chef de-ſens de Valenciennes, qu'ils avoient fait imprimer & publier, comme contenant aulcunes Couſtumes exorbitantes deſraiſonnables, contraires & deſrogeantes à notre ſuperiorité & haulteur, & après que en ladicte matiere euſt eſté procedé à pluſieurs actes, nous deſirant mettre fin audict different, ſans le laiſſer traiſner par longue involution de procès. Euſſions à notre derniere venue en noz pays de pardeça fait évoquer ladicte matiere en l'eſtat qu'elle eſtoit pendante en noſtre grand Conſeil, & leſdictes parties par-*

devant nous, & nos amez & feaulx les chiefs President & gens de notre privé Conseil. Pour estre sommierement & de plein traité, d'aultant qu'il y estoit question de mettre ordre tant au fait de la Justice que à la police de notredite Ville & Banlieu où les parties ont esté bien & du loing, oyz en tous ce qu'elles ont voulu dire, proposer & alleguer. Et finablement par notre sentence diffinitive & pour droit a esté dict, justifié & sententié que ledict cayer des Coustumes, seroit rapporté ès mains desdictz de notre Conseil privé, pour être cassé & aboli, & que doresenavant lesd. de Valenciennes, ne s'en polroient aider en maniere quelconque, & affin qu'ils sceussent comment pour l'advenir ils se auroient à reigler & conduire, quand au faict desd. Coustumes que par nous leur seroit baillé aultre cayer contenant icelles Coustumes. Savoir faisons que nous ces choses considerées, de-

sirant pourveoir auxdicts abus, au bien, advencement & abbreviation de la justice : après avoir faict bien & deuement visiter, revoir & examiner ledict cayer des Coustumes, par lesdits President chiefs & gens de notre privé Conseil. Avons de nostre certaine science, auctorité & pleine puissance, par l'advis de nostre très-chiere & très-aimée sœur, la Royne, douagiere, de Hongrie, de Boheme, &c. pour nous regente & gouvernante en nos pays de pardeça, & des chiefs & gens de nos consaulx d'Estat Privé & des Finances, declaré, ordonné, statué & decreté, declarons, ordonnons, statuons & decretons, par ces presentes Que doresenavant on gardera, observera & entretiendra pour Coustumes & Usaiges en nostredicte Ville de Valenciennes, Banlieu, Eschevinaige & Cheflieu d'icelle, les poinctz & articles que s'ensuivent.

DU 23 MARS 1540.

PREMIER,

Sur la Juriſdiction, tant du Prevoſt le Conte, ou ſon Lieutenant, Prevoſt de la Ville avecq la Loi, & du Mayeur, avec l'ordre de proceder.

I. 1619. Art. 1.

QUe le Prevoſt, Jurez & Eſchevins de notre Ville de Valenciennes, auront ſoubz notre main à la conjure & ſemonce de nos Officiers (ainſi que ci-après ſera déclaré) la cognoiſſance & judicature de toutes matieres & actions criminelles, civiles, réelles, perſonnelles & mixtes, excepté cas de leze Majeſté divine & humaine, en tous leurs membres, & de nos Officiers & ceux de nos Succeſſeurs.

II. 2.

De pouvoir faire Ediétz & Statutz.

Que lesdictz Prevoftz, jurés & Eschevins, auront l'autorité en présence de notre Prevoft le Conte ou son Lieutenant, & à sa semonce de faire Statutz & Ordonnances concernans le faict & police d'icelle notre Ville, tant sur les mestiers, que aultres quelconques négotiations. Et les changer, alterer ou diminuer, comme ilz voiront au cas appartenir, pourveu qu'ils ne nous toucheront, ne noz successeurs, ne nostre haulteur, prééminences, Placards, Ordonnances & demaine.

III. 3.

Des Sergens Baftonniers.

Que lesdicts Prevoft, Jurez & Eschevins, incontinent qu'ilz feront par nous, ou noz Commis créés, auront l'auctorité de commectre treize Sergeans, appellez, les Sergeans bastonniers, lesquels feront tenus obéir ausdictz Prevoftz, Jurez & Eschevins, & eulx au surplus reigler envers notre Prevoft le Conte & son Lieutenant, selon l'ordonnance faicte sur l'office dudit Prevoft le Conte ou son Lieutenant.

I V. 4.

De ceulx de la drapperie

Que lesdictz Prevostz, Jurez & Echevins institueront & commettront chacun an, un Prevost Mayeur boursier, & xiij hommes, lesquelz auront la connoissance & regard sur le faict de la drapperie, & ce qu'en depend, pour eux reigler & conduire selon & ainsi que ci-après sera declaré.

V. 170.

Des semonces sur le cas de crime & civil que sont à faire au Prevost le Conte ou son Lieutenant.

Que nostre Prevost le Conte ou son Lieutenant aura la semonce des matieres criminelles, où il y chiet punition, ou affliction corporelles, banissement ou amende civile, & semoncera la Loy comme Juré, & en matieres civiles notre Mayeur les semoncera comme Eschevin en la maniere accoutumée.

V I. 171.

De faire Calenges criminelles & civiles, par le Prevost le Conte, ou son Lieutenant.

Notredict Prevost le Conte, ou son Lieutenant aura la calenge de tout cas, ou y chiet punition civile ou criminelle, & se reiglera en oultre notredict Prevost le Conte, ou ſon Lieutenant, à l'exercice de ſon eſtat & office, ſelon l'ordonnance & reigle que lui a eſté baillée.

V I I. 194.

De la Juriſdiction du Prevoſt de la Ville.

Que ledict Prevoſt de la Ville aura la connoiſſance ſommiere & ſans figure de procès, de toutes matieres & actions perſonnelles, non dependans dayuwe ou realité, pour ſommierement oyr les parties : & les appoincter ſi faire ſe peult : ſinon rendre ſon appoinctement, ou les renvoyer pardevers les Eſchevins, ſes pers & compaignons, ſelon qu'il trouvera convenir, pour le bien & expedition de la Juſtice.

V I I I. 195 & 196.

Du Crediteur ſoy traire audict Prevoſt & de Gardemaneurs.

Si quelque Crediteur ſe trouve vers le Prevoſt de la Ville, & requiert eſtre ſatisfaict & payé d'aulcunes debtes à lui deues par manans ou bourgeois de noſtre Ville & Banlieu, lediſt Prevoſt après que lui ſera ſommierement apparu de ladicte debte, ordonnera aux dépens du pourſuivant à deux ſergeans baſtonniers d'aller à la maiſon vers le debiteur, & lui commander qu'il paye, & ſi ledict debiteur eſt de ce delayant, leſdits ſergeans prendront gaige ſouffiſant pour furnir à ladicte debte. Et s'il ne trouvent biens portatifz, ledit Prevoſt ordonnera gardemaneurs être mis en la maiſon du debiteur juſques à ce qu'il aura ſatisfaict ou nampti des biens non periſſables & ſuffiſans, ou bailié caution au contentement dudict Prevoſt, lequel namp ſera mis ès mains dudict Prevoſt, qui ſe delivrera au pourſuivant en baillant caution ſuffiſante & ſujećt de la rendre en definitif, s'il eſt dićt qu'ainſi faire le doibt.

I X. 217 & 218.

D'appeller & relever l'appel dudict Prevoſt.

Et ſi quelqu'un ſe veult douloir des ſentences ou appoinctemens rendus par ledit Prevoſt de la Ville, faire le polra pardevant le Lieutenant d'icelui Prevoſt & Eſchevins, endedens dix jours après ledit appoinctement ou ſentence; & ſe preſenter à conclure en matiere d'appel aux premiers plaids après ladicte appellation interjectée, à peine de deſertion, & d'amende de ſix livres blancs. Et néanmoins, nonobſtant icelui appel les ſentences & appoinctemens rendus par ledit Prevoſt non excedant la ſomme de vingt carolus d'or pour une fois ſe mectront à exécution, en baillant caution par celui qui les auroit obtenu. Le tout ſans prejudice en aultre choſe dudict appel.

X. 197.

D'emprisonner pour debte sur condempnation.

Que ledict Prevost de la Ville ayant rendu son appoinctement, ou sentences, envoyera quand requis en sera de partie, deux sergeans bastonniers en la maison du condamné, le sommer qu'il furnisse. Et si ledit condemné differe de à ce satisfaire, lesd. sergeans pourront prendre gages suffisans, pour furnir à ladicte sentence. Et s'ilz ne trouvoient biens portatifz, ledit Prevost ordonnera gardemaneurs estre mis en la maison du condemné, jusques à ce qu'il ait administré biens pour satisfaction de ladite sentence. Sur lesquelz se polra faire l'exécution avant dicte, ou en faulte de ce, l'on poulra faire constraindre le condemné par emprisonnement de sa personne.

X I. 169.

Des emprisonnez pour delictz, estre presentez au Prevost le Comte, &c.

Que notre Prevost le Conte ou son Lieutenant, & aussi le Prevost de la Ville ou son Lieutenant porront avec les sergeans bastonniers ou aultres par eux à ce appellez, aller de nuit visiter les lieux dissoluz, cabaretz, tavernes, & regarder après les mauvais garnemens & aultres contrevenans aux ordonnances & édictz de notredicte Ville. Et s'ilz en trouvoient aulcuns, les faire mettre ès prisons si besoing est, & que la matiere y soit disposée. Et ceulx qu'il aura apréhendé, le Prevost de la Ville le présentera au Prevost le Conte, ou son Lieutenant, Jurez & Eschevins pour en estre faict la punition selon l'exigence du cas.

XII. 6, 7 & 8.

Touchant la Drapperie & la jurisdiction à icelle.

Que le Prevost de la Drapperie, & le Mayeur d'icelle en l'absence dudict Prevost aura la cognoissance de tous traitez & poursuites que se feront entre parties, & pour & à cause de ladicte drapperie, & ce que en depend. Tant de teinturiers, foullons, tondeurs, lainiers que aultrement, en faisant faire lesdicts traitez & mettre a exécution leur sentence par leur clercq ou sergeant à ce commis. Et si de leurdite sentence & exécution est proclamé, la cognoissance de l'appel sortira pardevant les xiij hommes, & d'illecq au Prevost, Jurez & Eschevins de notredicte Ville, & seront lesdicts appellans tenus de namptir nonobstant ledit appel, si ainsi leur est ordonné. Et se reigleront ledit Prevost Mayeur & treize hommes au faict de leur office concernant ladicte drapperie & ce que en depend, selon les briefs & statutz de notredite Ville qu'ils ont ou que leur seront baillé ci-après par notre Prevost le Conte, ou son Lieutenant, & lesdictz Prevost, Jurez & Eschevins de notredite Ville. Avec ce si quelqu'un est trouvé contrevenir ausdits briefs & statutz concernans le faict de ladicte drapperie, & ce que en depend, tel contrevenant sera imposé & calengé par ledit Mayeur, & sera faict droict par les treize hommes de ce semoncez par le Prevost de la drapperie, selon qu'ilz trouveront la matiere disposée. Et si lesdits Prevost & treize hommes trouvent la matiere difficile, pourront faire rassembler leur conseil qui est d'austre vingt hommes à ce commis, pour par ensemble en appoincter comme de raison. Et si ceulx qui seront condempnez & punis, appellent, la congnoissance dudict appel appertiendra ausdicts Prevost ou son Lieutenant, Jurez & Eschevins de nostreditte Ville.

XIII. 198.

Stil de proceder pardevant la Loy & des significations.

Si quelqu'un veult faire poursuite pardevant Prevost, Jurez, & Eschevins, pour quelque matiere que ce soit, civile, réelle ou mixte, tel poursuivant sera tenu comparoir par lui ou procureur suffisamment fondé pardevant lesdicts Prevost & Eschevins. Et illecq donner à entendre ce qu'il demande, & requerir que sa partie soit signifié par notre Mayeur à la huitiesme ensuivant. Et ce faict lesdicts Prevost, Jurez & Eschevins seront tenuz de faire faire par notre Mayeur en presence d'un Juré de cattel ladite signification pour ladicte huictiesme.

X I V. 199, 200 & 201.

Du signifié défaillant estre forclos & debouté de deffenses.

Et si tel signifié ne compare au jour assigné, le poursuivant pourra requerir que seconde insinuation, & signification soit faite au défaillant. Ce que lesdicts Prevost & Eschevins seront tenuz d'accorder, pour servir au Lundi, ou Mercredi ensuivant. Et si l'adjourné ainsi insinué ne compare, ledit poursuivant requerra iterativement estre signifié pour la troisiesme fois, pour estre insinué au prochain jour lors plaidoyable. Ce que pareillement lui sera par les susdits accordé à la semonce de notredit Mayeur, pour chacunes desquelles significations, notredit Mayeur aura six gros, & si audit jour tel insinué & signifié ne compare, il sera forclos & privé de ses deffenses, n'estoit que ledict jour lui fust par sept Eschevins du moins à la semonce dudit Mayeur continué & ralongé, pour aulcunes bonnes & justes causes, & en cas qu'il soit defaillant, le demandeur sera admis à servir de son intendit, & vérifier iceluy par tesmoings ou enseignement, & comme il trouvera au cas appartenir, faisant adjourner partie a ces fins, pour ce venir faire, & en après servir de reproches, & contredictz si bon leur semble, le tout par ung seul adjournement, & si tel insinué & signifié est défaillant, de furnir à ladicte signification sera par instruits ledict procès pour le deffinir en fin deuë, & comme de raison.

X V. 202.

De l'adjourné servant de reproches, & du demandeur servant de salvations.

Et si ledit adjourné ou insinué sert d'aulcune reproches, le demandeur pourra servir de salvation au contraire endedans huitieme peremptoirement à peine que ledict jour passé, le procès sera tenu pour conclu, & ledict demandeur fourcloz de servir desdicts salvations. Sans qu'il soit besoing proceder pour ce judiciairement sur le rolle.

X V I. 204.

De l'adjourné, comparoir avant que partie ait servi d'intendit.

Et si partie adjournée compare aux insinuations, avant que le demandeur ayet servy d'intendit, le demandeur sera tenu de rafreschir la demande, & y pourra partie en refundant dépens de deffenses respondre sur le champ si bon lui semble, & le demandeur y repliquer promptement ou prendre jour si bon lui semble.

X V I I. 205.

De deffaillir à replicquer.

Et si au jour que ledict demandeur aura prins, pour replicquer, il faict deffault, sera privé de repliqué & sera fera faict droit fur les demandes & reponfes, ou aultrement feront les parties reiglées difpofitivement, & comme il appartiendra par raifon.

XVIII. 206.

Des forains eflire domicille ou avoir procureur.

Que fi quelcun des demandeurs ou deffendeurs font forains, non ayant domicille en la Ville feront tenuz d'eflire domicile en icelle Ville, & laiffer procureur, pour occuper en ladite caufe, & comparoir à chacun jour de plaids.

XIX. 208.

Du povoir à eux paffer procurations pardevant aultres loix de Ville.

Et pourront paffer leurs procurations pardevant telz loix de Ville que bon leur femblera, fans eftre contrainct de paffer lefdites procurations pardevant noftredict Mayeur & deux Efchevins de noftredicte Ville, comme ilz fouloient faire anciennement.

XX.

Des Parties n'avoir Procureur.

Et s'il advenoit que aulcunes defdites parties litigantes ne fuft pourveue de Procureur, elles feront fignifiées par noftredict Mayeur en préfence de fon

Juré à leur domicile, une fois seulement, & pour toutes, ne fust que pour aulcuns regards, la loi fust meue d'ordonner une signification abondant.

XXI.

Du Forain n'avoir esleu domicille.

Et contre le forain qui n'aura esleu domicile & constitué Procureur comme dict est, sera procedé comme contre aultres défaillans.

XXII. 211.

D'estre reiglé à escrire à toutes fins.

Et si les parties procedent verbalement par demande, responsce, replicque & duplicque, sans plus avant le admectre, seront réglées dispositivement à escrire à toutes fins. Et si pourront servir d'addition sur les escriptures si bon leur semble, sans plus amplement escrire. Et seront lesdictes escritures & additions avec les tiltres, munimens à ce servantes veu par lesdicts de la Loi, pour faire droit aux parties, ou les reigler à preuves ou aultrement, comme ilz trouveront au cas appartenir.

XXIII. 212.

Des deux Eschevins commis à l'enqueste avecq le Greffier, & de leurs droicts.

Que les enquestes des parties se feront par deux Eschevins & Greffier tant seulement, lequel redigera par escript la deposition des temoins, & auront pour leur salaire chacun Eschevin aussi le Greffier par jour, dix gros, sans plus : si avant qu'ilz besoignent cinq heures par jour, & si moins à l'advenant.

XXIV. 214.

Du Greffier & des Actes qui se leveront.

Que ledict Greffier ne fera aulcunes actes de Justice s'il n'en est requis, & quand requis en sera, il aura pour chacune acte trois gros, & s'il y a excessives escritures, pourra avoir plus ample salaire, à l'ordonnance dedits de la Loi. Saulf, les actes que nostre Prevost le Conte ou son Lieutenant, & notre Procureur d'office leveront, dont & quelconques aultres affaires que nous concerneront, lesd. de la Loi Greffiers, & aultres officiers n'auront aulcun salaire.

XXV. 219.

De pouvoir appeller des sentences rendues par ceux de la Loi, & du tems.

Que si quelcun se veult porter ou constituer appellant, de quelque sentence ou appoinctement rendus par lesdicts Prevost, Jurez & Eschevins, il sera tenu interjecter icelle appellation, endedens dix jours, à compter du jour de ladite sentence ou appoinctement, ou du jour qu'il sera venu à sa cognoissance, & le relever en dedens quarante jours.

XXVI. 220.

De la somme des sentences executoires, sans prejudice d'appel.

Et neanmoins si les sentences sont endesoubz ou jusques à cinquante carolus d'or pour une fois, & cincq carolus d'or de rente, seront executées nonobstant & sans préjudice dudict appel & caution.

XXVII. 25.

Des Tuteurs & Mambours des mineurs d'ans.

Que lesdictz Prevost, Jurez & Eschevins seront les supérieurs & mambours des mineurs d'ans de nostredicte Ville, & pourront les tuteurs ou mambours d'iceulx mineurs bailler à rente & par recours les heritaiges d'iceulx enfans pour lever plus grand & évident prouffict du consentement & par advis desdictz de la Loi, & deux prochains parens desdictz mineurs, les attirant du lez & costez dont les heritiers sont venus & procedent, laquelle rente succedée ou lieu desdictz heritiers appartiendra ausdictz mineurs, & sera en la mesme matiere qu'estoient lesdictz heritaiges.

XXVIII. 106.

De constraindre executeurs de testament.

Que lesdictz de la Loi de nostredicte Ville pourront constraindre les executeurs des testamens de dernieres volontez, de furnir & entretenir iceulx testamens en cas qu'ils en soient negligent.

XXIX. 99.

Touchant l'office du Mayeur.

Que au Mayeur que commectrons en nostredicte Ville appartient de faire toutes significations & sommations civiles, tant pour meubles que immeubles, aussi avoir en depost & garde tous deniers venans de vendaige d'heritaiges ou rentes heritieres par l'espace de quinze jours, ou aultre tems à ce ordonné, & aussi de regir & gouverner soubz sa main toutes choses sequestrées pour en rendre compte en diffinitive, à ceulx qu'il appartient, à l'ordonnance de Justice.

XXX. 101.

Des deniers tenans condition de remploi.

Appartient aussi audict Mayeur de garder & tenir en ses mains tous deniers procedans d'héritaiges venduz subjectz & soumis à remploy, jusques à ce que tel remploi ſoit trouvé & faict ſans en rendre aulcun prouffit, à ceulx auſquelz leſdicts derniers peuvent appartenir.

X X X I. 100.

Comment ledit Mayeur ſcelera maiſon mortuaire & fera inventoire des biens des trepaſſez.

Appartient encore audict Mayeur incontinent après le treſpas d'un manant & habitant de notredite Ville & Banlieu de ſceler la maiſon mortuaire inventorier & mettre en ſes mains tous les biens delaiſſez par ung treſpaſſé & ce juſques à ce que l'heritier ſera apparu : ou que les teſtamens, dons & ordonnances d'icelui trepaſſé ſoient amenez à congnoiſſance de Juſtice, & ce pour la ſeureté des heritiers & legataires.

X X X I I. 98.

Cerquemancige, contre ung abſent & expayſé.

Si quelqu'un demande cerquemaneige contre ung qui eſt abſent & expayſé noſtredict Mayeur y ſera appellé au lieu dudict expayſé pour eſtre préſent veoir faire ledict cerquemaneige, & y dire ce qu'il trouvera au cas appartenir, & debourſera ceſtuy qui demandera ledict cerquemaneige les depens dudict Mayeur, ſaulf ſon recouvrer ſur la partie.

XXXIII. 159.

Des Claingz & Arrefts Preference & execution d'iceulx.

Si aulcun forain traicte en caufe ung bourgeois, ou que ung forain faict arrefter en noftredite Ville & Banlieu d'icelle, les biens ou la perfonne d'ung aultre forain. Tel attrayant eft tenu de bailler & faire caution pour les defpens, au cas qu'il y fuft condemné, & s'il veult affirmer par ferment qu'il ne peult trouver ou furnir ladite caution, il fera tenu de jurer que en cas de condempnation, il fe rendra en ladite Ville, & y demourera fans en partir, jufques à ce qu'il ait fatisfait ou contenté fa partie de ce en quoi il fera condempné. Et quant aux biens ou perfonnes arreftez en fera baillé main levé moyennant caution fuffifante, jufques à la valeur d'iceulx biens.

XXXIV. 157.

Des executions d'ayeuwes tant fur meubles, que immeubles.

Si ung proprietaire ayant enfans de fon precedent mariage, eftans en néceffité, s'oblige en quelque penfion ou debte par ayuwe deuement paffée & recogneüe, & tel proprietaire fe treuve en deffault de payement, le rentier ou crediteur fe pourra retirer vers la Loi, & illec faire claing par vertu de fadicte ayume. Affirmant par ferment prefens Mayeur & Efchevins, ce que lui est deu, à cause de ladicte ayuwe, lequel serment faict, lesdicts Eschevins donnent charge audict Mayeur en presence d'ung Juré de cattel, de prendre meubles ou cattel, appartenans à l'obligé, & les vendre, & executer jusques au furnissement de ladicte debte & depens raisonnables, & s'il ne treuve biens meubles ou cattel, pourra prendre & apprehender le corps de l'obligé, & le constituer prisonnier jusques au furnissement. Et s'il ne treuve le corps dudict obligé, pourra prendre & apprehender heritaiges ou rentes heritieres appartenantes audict obligé, ou en deffault des siens de sa femme gisantz en nostred. Ville & Banlieu. Et iceulx heritaiges ou rentes mectre & establir le rentier ou creancier pour par lui les tenir le terme & espace de trois ans, en payant les charges que y sont dessus, & les entretenant à l'ordonnance de la Loi, à charge d'en rendre compte, & le surplus que par-dessus sa debte y aura perceu.

XXXV.

Des Plaidz genereux.

Les plaidz genereux sur le faict de claingz se tiendront trois fois l'an, a sçavoir lundi, mardi & merquedi après le jour des Rois, dont les sentences se rendront le lendemain du jour des Cendres, les deuziesmes à pareilz jours de lundi, mardi & merquedi après *Quasimodo*, dont les sentences se rendront le quinzieme jour de Mai, & les tierces & dernieres le lundi, mardi & merquedi après la sainct Remy, dont les sentences se rendront le vendredi après le sainct Andrieu.

XXXVI.

Desdicts Claingz & des Clercqz tonsurez.

Auxquelz jours de plaidz genereulx se peult & doibt clamer de tous debteurs, non clercqz tonsurez, mais quant ausdictz clercqz tonsurez, l'on se pourra clamer d'eulx en tous temps.

XXXVII. 79.

Des tenures par Loi expirées & des anciennes obligations proceder.

Et s'il ne satisfait à son deu endedens lesdicts trois ans, le clamant sera tenu endedens sept jours & sept nuictz, incontinent que lesditcts trois ans seront expirez, de venir vers la Justice en présence du Mayeur, & illecq declarer comment que lesdicts trois ans, qu'il a teñu lesdicts heritaiges ou rentes sont expirez, & requerir lesdicts heritaiges ou rentes estre mises par la Loi à rente par recours, ce que la Loi & Justice accordera, & seront iceulx heritaiges ou rentes vendues au plus offrant. Et les deniers procedans d'icelui vendaige mis en la main dudit Mayeur l'espace de quinze jours, pour au boult d'iceulx estre delivrez audit clamant jusques à la concurrence de sa debte & depens, ou aultres crediteurs s'aulcuns y a qui auront clamez ſur les deniers durant ladicte quinzaine par la vertu de ayuwe, & en ce cas les plus anciennes debtes ſeront preferées ſans avoir regard à la diligence du clamant.

XXXVIII. 87.

Du ſurplus des deniers être remployé.

Et s'il y demeure aulcun ſurcrois, il ſera mis ès mains dudict Mayeur pour eſtre remployé en aultre heritaige ou rentes heritieres au prouffit du propriétaire à qui leſdicts biens venduz appartiennent.

XXXIX. 78.

De tenir heritaiges par Loi plus de trois ans, & de l'amende y appliquée.

Et ſi leſdicts crediteurs tiennent leſd. heritaiges plus de trois ans & xv jours, ils eſcheront en l'amende de neuf liv. tourn. & trente-trois livres blancs, appliquables les deux pars à noſtre prouffit & la tierce à noſtre Ville.

XL. 35 & 36.

De adjourner ſur heritaiges à fault de payement.

Quand aulcun heritier ou poſſeſſeur d'heritaige eſt en fault de payer les rentes heritieres dont tel heritaige eſt chargé par trois termes faiſant une année, le Rentier peult par lui ou son procureur à ce establi, aller avec ung Juré de cattel sur ledit heritaige chargé de ladite rente, & illecq en la présence dudict Juré de cattel adjourner, en mectant sa main audict heritaige, disant : *je adjourne sur cest héritaige, à huy, demain & à tiers demain pour avoir payement de telz arrieraiges*, qui sera tenu specifier en appellant ledict Juré & des temoings, lequel adjournement sera signifié au possesseur ou occupeur s'il est en ladite Ville & Banlieu, sinon aux plus prochains voisins de l'heritaige.

X L I. 37.

Reccord d'adjour.

Et lesdicts trois jours expirez, ledict Juré sera tenu venir devant le Mayeur & sept Eschevins, recorder ledict adjour & affermer ladicte signification, & qu'il a esté present à faire ledit adjour, & que lesdicts trois jours sont passez & expirez.

X L I I. 38.

Loi qui se dict sur le claing dudict record.

Ledict record ainsi faict, led. Rentier ou son establi, faict claing & requiert auxdicts Eschevins avoir Loi & ordonnance audict Mayeur qu'il se transporte en présence d'ung Juré de cattel sur ledict héritaige.

XLIII. 39.

Encore de ce.

Et s'il y treuve biens meubles, ou cattel, les prendre & executer pour recouvrement desdicts arrieraiges & despens faictz.

XLIV. 40.

Du mesme.

Et s'il ne treuve meubles ou cattel, & que ce soit pour rente fonsiere dont n'y ait lettres d'ayuwe, il adjournera en parlant aux voisins demeurans dessoubz & desseure lesdicts heritaiges, les rentiers & soubzrentiers, qu'ils ayent à payer & satisfaire iceux arrieraiges, claing, coust & fraiz, endedens le terme de sept jourz & sept nuictz ensuivants, ou aultrement la Loi ira avant.

LXV. 41.

Encore de ce, & du record que doibt faire le Juré.

Et ce faict, si ledict rentier n'est payé endedens sept jours & sept nuictz, ledict Mayeur viendra avecq son Juré envers lesdicts Eschevins en nombre de sept, & leur remonstrera lesdicts sept jours & sept nuicts estre expirez, requerant ausdits Eschevins que la Loi voise avant, & affirmera le Juré les debvoir avoir esté faicts par ledict Mayeur en sa présence, & que lesdicts sept jours & sept nuicts sont expirez & plus.

X L V I. 42.

De faire vendre heritaige après l'avoir tenu trois ans par Loi.

Et ledict rapport ouy lesdicts Eschevins a la semonce dudit Mayeur & poursuite des parties que dessus ordonneronts audict Mayeur, soy transporter sur ledict heritaige, & en presence dudict Juré de cattel mectre & establir ledit rentier ou son procureur pour lui audict heritaige, pour en jouir & rendre compte l'espace de trois ans, & ce faict le donner à cognoistre à la Loi, endedens xv jours après lesdicts trois ans expirez selon la peine ci-dessus touchée, pour les faire exposer en vente selon qu'il est dict ci-dessus.

X L V I I. 43.

En cas d'arrentement.

Mais si la rente procedoit à tiltre d'arrentement, & qu'il en apparut par lettres, en ce cas après le rapport du Juré faict aux Eschevins du premier adjour qui aura esté signifié à la personne, ou de celle de l'obligé, ou occupateur, si avant qu'il ait demeuré endedens la Ville & Banlieu. Si non aux deux plus prochains voisins demourans dessoubz & dessus ledit hypotheque, dont il fera rapport ausd. Eschevins, lesdicts Eschevins ordonneront faire iterative & seconde signification, & adjour à la quinzaine.

XLVIII. 44.

De ratraire l'heritaige.

Et si l'obligé ou possesseur dudict heritaige après ladicte signification faicte estoit deffaillant & delayant de payer & satisfaire l'espace de quinze jours, en ce cas le rentier ou son procureur sera par ledict Mayeur & ordonnance d'Eschevin remis aud. heritaige pour en jouir de là en avant comme du sien, à telles charges que y estoient au jour de l'arrentement, saulf que dedens ung an, s'il y survient aultre ayant rente sur ledit heritaige le pourra recouvrer, en payant audict fourgaignant tous attarges & despens ne soit que ledict fourgaignant veult retenir l'heritaige avecq la charge du subsequent credit.

XLIX. 45.

De soubz Rentier estre subrogé & establi en l'heritaige au lieu du principal poursuivant.

Et si durant le tems de la poursuite & adjour cidessus mentionnés & auparavant que le rentier fut mis & establi esdicts heritaiges, aulcun des soubsrentiers payé & satisfaict au precedent rentier, ce que lui est deu d'arrieraiges ensuivant les coustz, fraix & despens, & requiert estre remis & establi audict heritaige, ledit soubsrentier sera subrogé au lieu du principal poursuivant, & pourra poursuivre les devoirs encommencez,

& iceulx parfaictx, sera par le Mayeur à l'ordonnance de sept Eschevins en presence d'un Juré cattel, mis & establi audict heritaige comme le premier poursuivant.

L. 28 & 29.

Que rentes heritieres à rachat sont de condition d'heritaige, excepté celles deues sur le Corps de la Ville.

Et afin que l'on sçache la nature des rentes : toutes rentes heritieres & à rachapt sont reputées de la nature d'heritaige, excepté les rentes à rachapt estant sur le Corps & Communaulté de notredicte Ville, qui sont reputées pour meubles.

L I. 74 & 75.

Execution des meubles & heritaiges, & de maisneté.

En execution de simples debtes l'on prendra premier, & on vendra les meubles, soit du vivant ou trespassé, excepté la maisneté, & si lesd. meubles ne sont souffisants, le reste se prendra sur ladicte maisneté & si lad. maisneté ne souffisoit, & que la debte fut contractée constant le premier mariaige, l'exécution se fera sur les heritaiges ou rentes heritieres dudict vivant ou trespassé, excepté ladicte maisneté quant à iceulx, mais si les aultres heritaiges n'estoient aussi souffisans, l'execution se fera sur les biens de ladicte maisneté.

L I I. 72.

De venir dire à deniers aux ventes d'heritaige.

Et si quelque debiteur vend son heritaige, ses creanciers polront exposer à la delivrance des deniers pour estre payez & remboursé de leur deu sur iceulx deniers, jaçoit que le terme du payement fut escheu.

L I I I. 103.

De faire claing sur l'heritaige à absent l'espace de sept ans.

S'il advenoit que quelque personne se absente du lieu de sa demeure, & que en sept ans ensuivant son absence, l'on n'ait certaine nouvelle de lui, lesdicts sept ans expirez son plus prochain & apparent heritier faisant deuement apparoir de ladicte absence polra faire claing pardevers la Justice, & ce faict, sera mis & establi ès biens, droicts & actions dudit absent, en baillant par lui caution de rendre & restituer ce qu'il aura receu & prouffité desdicts biens, en cas qu'il retourne, ou que l'on ait certaines nouvelles dudict absent.

L I V. 71.

De soi faire asseurer d'achat d'heritaige.

Ung acheteur d'heritaige ou de rente à rachapt pour asseurer sond. rachapt, se polra opposer à la délivrance

vrance des deniers procedans dudit vendaige endedens quinze jours ensuivants la desheritance, & après non.

L V. 104, 110 & 115.

CONTRACTZ

Et dispositions d'entre vifs.

Quiconque vouldra donner d'entre vifz, ou aultrement disposer par testament ou aultre derniere volonté de son heritaige ou rente reputée immeuble, sera tenu de passer led. contract & disposition pardevant deux Eschevins, & souffira que ledict testateur apporte son testament ou aultre disposition & derniere volonté, & qu'il declare présens iceulx estre sad. volonté, & que tel ilz le veulent signer. Ce que pour lesdicts Eschevins seront tenuz de faire, & en faire note sur le dos dudict escript, aultrement lesdicts dons, contract & dispositions de derniere volonté seront de nul effect.

L V I. 50.

De povoir vendre ou eschanger heritaiges ou rentes.

Que si quelqu'un veult vendre ou eschanger son heritaige ou rente heritiere reputée immeuble, sera tenu en faire desheritance ou adheritance en présence du Mayeur, ou soubz-Mayeur & quatre Eschevins, aultrement seront lesdictes ventes & Eschanges de nulle valeur.

L V I I. 5.

Que Eſchevins demoureront durant leur vie Jurez de cattel.

Les Eſchevins durant leur tems d'eſchevinaige peuvent recevoir tous contractz & conventions mobiliaires, & auſſi après leurdit eſchevinaige expiré demeurent le parfaict de leurs vies Jurez cattel, & en ceſte qualité peuvent recepvoir & paſſer tous contractz & recognoiſſances mobiliaires, ſeulement, pourveu qu'il y ait deux Jurez du moins à ce faite.

L V I I I. 117.

De faire recorder contractz dedens l'an.

Que tous contractz paſſez pardevant Eſchevins ou deux Jurez de cattel, feront recordez pardevant le Mayeur & ſept Eſchevins endedens l'an de leur paſſemés tant qu'ils ſoient executoires pour lequel record ſera payé xxij gros, à charge d'en tenir regiſtre & ne bailler lettres Eſchevinalles.

L I X. 118.

De faire recorder dons & teſtamens endedens ſix ſepmaines.

Et quant aux teſtamens & aultres diſpoſitions de derniere volonté, ou dons faicts pour les prendre après le treſpas, ilz feront recordez endedens ſix ſepmaines, après le treſpas du teſtateur ou donateur, publié &

venu à la congnoiſſance en ladicte Ville & Banlieu pardevant le Mayeur & quatre Eſchevins.

L X. 120.

Que après ce fait iceulx ſont executoires.

Et leſdicts recordz faictz, feront leſdicts contractz, dons, teſtamens, & diſpoſitions de derniere volonté executoires.

L X I. 51, 52 & 53.

De vendre ou donner ſon heritaige par le gré de ſa femme au prejudice de ſes hoirs colateraulx.

Le proprietaire d'aulcun heritaige ou rente immobiliaire non ayant hoir apparent en ligne directe, peult vendre & donner leſdictes rentes & heritaiges à qui que bon lui ſemble ſans le conſentement de ſes heritiers apparans en ligne collateralle, ne fut que ledict proprietaire fut allié par mariage, auquel cas les deniers du vendaige ſeront mis ès mains dudict Mayeur par l'eſpace de quatre mois & demi. Affin que en cas qu'il y vint endedens cincq mois enſuivans eſtre remployé en achapt d'aulcuns heritaiges ou rentes heritieres ſortiſſans la meſme nature des heritaiges venduz, & conviendra que ladicte vente ſoit agréée par la femme dudict vendeur.

LXII. 54 & 55.

De ne vendre les heritaiges de sa femme ayant enfans.

Que ung mari ayant enfant legitime ne peult vendre les heritaiges de sadicte femme longuement, si qu'il ait heritaiges à lui appartenans ou rentes heritieres, mais seront les biens dudit mari préalablement venduz.

LXIII. 59.

Comment par poureté bien approuvée, ung vefve peult vendre ses heritaiges.

Que ung heritier ou proprietaire estant vefve, & ayant enfans legitimes ou enfans d'enfans, ne peult vendre, diminuer, charger ou aliéner ses heritaiges patrimoniaulx en ligne directe au prejudice de sesdicts enfans & enfans d'enfans pour les debtes faites & contractées pendant son mariage, n'est par poureté bien approuvée, ou de consentement de ses enfans âgez & mis hors de mambourie, ou par remploi pour en faire plus grand prouffit.

LXIV. 60.

Du mesme.

Mais le susdict proprietaire pourra bien bailler lesdicts heritaiges ou rentes, & par recours pour ladite rente sortir la nature & condition que feroient les heritaiges ainsi arrentez.

L X V. 61.

De charger ses heritaiges de rente à rachapt.

Que personne puissante de vendre peult charger son heritaige scitué tant en la Ville & Banlieu que sous le Chieflieu de notredicte Ville de rente heritiere & à rachapt, le faisant par desheritance & adheritance.

L X V I. 30.

Des rachaptz de rentes & à quel prix.

Que l'on ne polra charger aulcun heritaige scitué en nostredicte Ville & Banlieu, ne soubz le Chef-lieu, sinon à rachapt, & sera le prix dudict rachapt mentionné ès lettres qui sur ce seront faites, & se-ront tenuz declarer les vendeurs & acheteurs ledict prix, & s'il n'y a prix exprimé, seront rachetable au denier seize n'est en arrentement qui se rachetera au denier vingt, & non plus hault.

L X V I I. 62.

Que l'usufructuaire ne peult arrenter, n'est du consen-tement de l'heritier.

Que ung usufructuaire ou joissant viaigierement d'heritaige scitué en nostredicte Ville ou Chieflieu, ne peult bailler iceulx heritaiges à rente heritiere par recours ne aultrement, n'est du consentement du proprietaire, s'il eſt eagé, & s'il eſt moindre d'ans du conſentement de ſes mambours & auctorité de Juſtice.

L X V I I I. 105.

Que dons ſont reputez pour acqueſtes, s'il n'y a deviſe au contraire.

Tous dons ſont reputez pour acqueſtes, enſorte que le donateur peult diſpoſer de telz dons ainſi que bon lui ſemble, pourveu que faiſant ledict don le donateur n'ait opposé aulcunes conditions au contraire.

L X I X. 69.

De ne vendre ou donner heritaige en main morte.

L'on ne peult vendre, donner, tranſporter directement, ni indirectement, aulcun heritaige ou rente à rachapt giſant en ladicte Ville & Banlieu en main morte.

L X X. 106.

Que en donation n'eſt beſoing faire desheritance.

Pour faire quelque don n'eſt beſoing ne requis deſheritance, pourveu que celui qui faict tel don ſoit puiſſant de le faire.

L X X I. 86.

De povoir recouvrer ayuwes endedens ans par datte.

Si quelqu'un ait perdu une ayuwe & aultres lettres eschevinalles, il les polra recouvrer par vidimus ou copie collationnée à celle qui est au registre, ou sinon sur la minute ou embrieffuenre, & en deffault de la minute par record de ceulx, ou l'un d'eux ayant esté présent à faire les devoirs dudict contract par congé & licence des Eschevins, à la semonce du Mayeur, partie à ce appellée, & ce endedens six ans, après la date du contract, & non aprés.

L X X I I. 70.

De non debvoir transporter meubles au prejudice des crediteurs

Il n'est loisible de donner, vendre ou aliener ses biens meubles en fraude au préjudice de ses créditeurs, mais seront lesdicts meubles venduz publiquement à cry, & recours du moins par le gré de Justice, en délaissant les deniers de ce procedans ès mains du Mayeur l'espace de xv jours.

L X X I I I. 68.

Des successions mobiliaires & heritieres apprehender & de non faire recorder procurations.

L'on peult faire apprehention de succession mobiliaire, ou aussi vendre & aliéner les heritaiges ou heritiere ou rentes heritieres, & en faire desheritance & prendre adheritance & possession par procureur souffisamment fondé; n'est que celui qui vouldra faire ladicte apprehention, vente, desheritance & adheritance soit resident en ladicte Ville & Banlieu. Auquel cas il sera tenu le faire en personne, & ne sera besoing de recorder les procurations à ces fins baillées comme l'on souloit faire par ci devant.

L X X I V. 73.

De faire apparoir de conventions.

Quiconque se vouldra aider des conventions, traictez, marchez, testamens & obligations, sera tenu en faire apparoir par lettres de chirographe ou aultrement.

L X X V. 89 & 90.

De traict en cas de vente de rente.

Si quelqu'un ayant rente sur quelque heritaige, vend ou allienne icelle rente, le proprietaire le polra reprendre & retraire endedens l'an pour le même prix qu'elle aura esté vendue ou alienée, dont l'acheteur & vendeur seront tenus eulx purger par serment, & en payant les despens pour ce faictz par l'acheteur, mais si l'acheteur offre au proprietaire son marché avant ledit an expiré ledict proprietaire n'aura que six semaines de terme après icelui offre, pour faire ladicte retraicte & reprinse.

L X X V I. 91.

De la vente du viaige & usufructuaire.

Si ung usufructuaire ou viaigier vend ou transporte son viaige, le proprictaire le pourra reprendre & retraire pour le même prix endedens l'an, & se purgeront par serment led. acheteur & vendeur, comme dessus dict est.

DES DONS ET AVANCEMENS ENTRE MARI ET FEMME.

L X X V I I. 22.

Des ravestissemens par lettres.

Deux conjoingz par mariage non ayant enfans vivans peuvent ravestir l'ung l'aultre par lettres, pardevant Eschevins & Jurez de cattel, pour par le survivant joyr de tout ce dont telz conjoingz seront heritiers, joyssans & possessans au jour du trespas du premier mourant. Et par icelui survivant faire sa volonté de l'usufruict, & si ne peult tel ravestissement estre rappellé, ne par le consentement des deux parties conjointement.

LXXVIII. 20.

Que la femme vefve se peult tenir au testament & renuncher à son traičté.

Une femme vefve peult renuncher à son traicté de mariaige, si avant que lui touche, & se tenir au testament & ordonnance de son mari.

LXXIX. 21.

Que la femme vefve est hors de mamburnie.

Quand convens de mariaige sont reconnuz devant Eschevins & Jurez de cattel, & que mambours sont deuemennt establis, une femme vefve est déchargée de la mamburnie, sans qu'il soit besoing aultrement le mectre hors.

LXXX. 16.

Du Mari faire don à sa femme.

Le mari ne peult donner simplement aucun heritaige ou rente heritiere à sa femme, n'est qu'il le face aux mambours pour elle qui à ce seront denommez & commis, faisant ledict don, & qu'il le face pardevant la Loi, dont les heritaiges & rentes sont mouvans, aultrement tel don est nul.

LXXXI. 18.

De relever heritaige de par sa femme.

Le mari ne peult relever les heritaiges de par sa femme, si elle n'y est en personne, ou procureur pour elle suffisamment establi.

LXXXII. 24.

De ne pouvoir ravestir ayant enfant par faict special.

Mari & femme ayant enfans, ne peuvent par faict special ravestir l'ung l'aultre.

LXXXIII. 19.

De femme marchande.

Une femme marchande publicquement peult vendre & acheter sans la presence de son mari, & peult telle femme poursuivir & pourchasser les debtes procedans de ladite marchandise, & le mari est tenu d'entretenir les contractz par elle faictz, & vaillent les acquictz & payemens faictz à ladicte femme.

LXXXIV.

Que ung parastre ne peult assenner ses enfans.

Ung parastre ne peult bailler assenne à ses enfans, jusques à ce que l'assenne de sa femme soit faicte, & ses debtes payées : acquitées.

L X X X V. 58.

De ne vouloir heritaiges patrimoniaulx ſans eſtre rapportez.

Deux conjoings alliez en premieres nopces eſtans heritiers d'aucuns heritaiges patrimoniaulx ayant enfans ou enfans d'enfans, ne peuvent vendre leſdicts heritaiges, n'eſt pour payer penſions ou debtes contractées conſtant leur mariaige, & que à ce leſdicts heritiers ſoient ſpecialement rapportez pardevant la Juſtice dont ilz ſont tenuz, & que de ce il appert par lettres.

L X X X V I. 59.

De veſve ne povoir vendre ou rapporter tel heritaige puiſqu'il a enfans.

Après le treſpas de l'ung de conjoinctz par mariaige, ayant delaiſſez enfans nez & procedans de leal mariaige, le ſurvivant ne peult vendre, rapporter ne obliger les heritaiges patrimoniaulx, ſoit qu'ils procedent de ſon coſté ou du coſté du treſpaſſé, & n'en eſt que viaigier.

L X X X V I I. 9 & 10.

De raveſtiſſement de ſang.

Si l'ung de deux conjoinctz par mariaige poſſedant heritaiges ou rentes heritieres, ſoit patrimoine ou d'acqueſt, ſitué en ladicte Ville & Banlieu, termine vie par treſpas, ayant eu enfans ou enfant procedans dudict mariaige, ſoit que leſd. enfans ſoient vivans ou non, au ſurvivant deſdicts conjoinctz compete & appartient la totalité des biens, meubles, joyaulx & catteulx, en payant les debtes, obſeques & funerailles du treſpaſſé, pour en faire ſa volonté, excepté la maiſneté mobiliaire. Aura auſſi la joyſſance & poſſeſſion des heritaiges de main ferme & rentes heritieres, pour en joyr ſa vie durant, en les entretenans & defrentans.

LXXXVIII. 92.

Des poſſeſſions & preſcriptions de poſſeſſer par an & jour.

Quiconque poſſede paiſiblement quelque heritaige, ou aultre bien, par an & jour, & que autruy veut clamer droit, tel poſſeſſeur demourra en ſa poſſeſſion : tant que par loi & ſentence il en ſera debouté.

LXXXIX. 93.

Des poſſeſſions preſciptes.

Quiconque aura joie & poſſede paiſiblement de quelque heritaige ou rente heritiere, par l'eſpace de vingt ans, entre preſens, à tiltre, & ſans tiltre, tel poſſeſſeur acquiert par droit de droit de preſcription le droit de propriété de la chose par lui possessé, & quand à tous aultres droictz & actions : elles seront prescrites par l'espace de trente ans, & en chose mobiliaire : par l'espace de dix ans, le temps de minorité exclus.

C X. 26.

M I N O R I T É.

De l'eaige des moindres d'ans.

Tous enfans, filz ou filles sont reputez eagez quant ils ont xv ans acompliz, pour joyr de leurs biens, n'est qu'ils soient en la subjection & puissance de leurs pere & mere, que lors il les conviendroit préalablement & judiciairement mettre hors ladicte mamburnie & subjection, sans toutefois pouvoir vendre, ou aliener leurs heritaiges, auparavant l'eage de xx ans acomplis, n'estoit par l'auctorité de justice, & par consentement de deux leurs plus prochains parens, du costé, & dont les heritaiges leurs sont venuz & sucedez.

X C I. 122.

DES SUCCESSIONS ET DROICTS DE MAISNETÉ.

Que le mort saisist le vif en succession directe.

En matiere de succession mobiliaire & heritiere des biens & heritaiges de main ferme & rentes heritieres, estans en ladite Ville, Banlieu & Cheslieu, le mort faisist le vif son vrai heritier, habile à succeder, en ligne directe tant descendante, que ascendante : sans pour ce faire claing ou relief.

XCII. 123

De succeder en ligne ascendante.

Et ne peult la ligne ascendente avoir lieu, si longuement que la descendente dure, en deffault de laquelle ligne descendante, le plus prochain en ligne descendente succede.

XCIII. 124 & 132.

Des enfans survivans pere & mere.

Que après le trespas d'un survivant de deux conjoinctz par mariaige, ayans eu enfans, lesdicts enfans survivans soient fils ou filles succedent également esdits biens meubles, heritaiges & rentes : saulf pour le maisné desdicts enfans, droict de maisneté, tant mobiliere, que heritiere, lequel droict de maisneté se prend préalablement & avant part, & après prend ledict maisné au restant telle part, & portion, que aultres ses freres & seurs.

XCIV. 137.

De lever ladite maisneté meubliere.

Et se levera sedict droict de maisneté par nostre Mayeur au profit du mineur.

XCV. 133.

De maisneté heritiere.

Et ledict droict de maisneté tel comme pour maisneté heritiere, ledict maisné prend la meilleur partie, en une seule piece, soit heritaige ou rente heritiere située eu ladite Ville, Banlicu & Chieflieu.

XCIV. 134.

Encore de ladite maisneté meubiliaire.

Et des meubles, doibt ledict maisné avoir de chacune diversité, & sorte de mesnaige, une telle piece, que pour lui on vouldra choisir.

XCVII. 135.

Encore de ce.

Et s'il y a vasselles d'argent de chacune qualité une piece, si comme de tasses une, de gobeletz ung gobelet, & de saillieres une sailliere, jaçoit qu'elles fussent de diverses sortes ou façons, & ainsi de toutes aultres pieces & utensiles de mesnaige.

XCVIII. 126.

Du tems auquel se prendra ladite maisneté meubiliere & heritiere.

Et se prendra ledict droict de maisneté endedans six

six sepmaines, par celuy, qui sera trouvé après le trepas du survivant des deux conjoincts, estre le mineur; ou maisné. Et quant aux heritaiges, ou rentes à rachapt, prendra ladicte option, & chois endedens l'an.

X C I X. 137.

En cas que le maisné soit moindre d'ans.

Et si le maisné estoit moindre d'ans, ledict droict de maisneté sera levé par nostredict Mayeur, au profit dudict maisné.

C. 140.

Que maisneté se lieve par le maisné du premier mariaige seulement.

Droit de maisneté se levera par enfant du premier mariaige seulement & n'aura lieu en marchandise estant à vendre.

C I. 125.

Que enfans representent leur pere & mere, en succession de rayon & raye, en heritaige.

Quand aulcuns conjoincts vont de vie à trespas, delaissantz enfant ou enfans, de leal mariaige, iceulx enfans representeront leur pere & mere, en succession heritiere, de leur grand pere & grand'mere, pour y avoir tel part & portion que y auroient leur pere, s'ils estoient vivans.

C I I. 142 & 143.

Des heritaiges acquis constant mariaige, sans avoir enfans.

Si l'ung de deux conjointz par mariaige va de vie à trespas, joyssant & possessant heritaige de main ferme, ou rentes heritieres, situez en ladicte Ville & Banlieu, sans delaisser ou avoir eu enfans de leurdict mariaige, & sans avoir fait ravestissement par lettres: en ce cas les heritaiges patrimoniaulx retourneront au lez du trespassé. Et quant aux heritaiges ou rentes acquestez, constant le mariaige, le survivant en a sa vie durant, la totale joyssance & possession, & après son trespas, la moictié compete & appartient au plus prochain hoir, & heritier du mary, & l'autre moitié au plus prochain hoir du costé de la femme.

C I I I. 128 & 144.

Quelz meubles se doivent partir par moictié sans ravestissement.

Et au regard des meubles, iceulx se partissent incontinent après le trespas du premourant. Assavoir la moictié aux hoirs du premier trespassé, & l'aultre moictié au survivant.

C I V. 126.

Des successions patrimoniaires aux enfans du premier & second mariaige.

Si quelqu'un homme ou femme vefve ayant enfans se remarie seconde fois, & que du second mariaige il ait enfant, ou enfans, après le trespas dudict remarié, les enfans du premier mariaige auront la moitié des heritaiges patrimoniaulx, ou acquestes, faictz constant ledict premier mariaige. Et à l'aultre moictié viendront succeder les enfans ensemble : tant du premier mariaige, que du second, par égalle portion, saulf le droict de maisneté au maisné du premier lict, tel que dessus.

C V. 129.

Des acquestes & eschcances de viduité.

Et quant aux biens acquestez par quelqu'un, ou succedez en sa viduité, se partiront aussi égalemênt, entre les enfans, tant du premier lict que ceux du second lict.

C V I. 131.

Du droict aux enfans ès successions collateralles.

Et s'il y a aucuns biens succedez en ligne collateralle, pendant quelque mariaige, quant lesdits biens seront escheuz, auront la moictié d'iceulx biens, &

l'aultre moictié se partira entre tous les enfans : jasoit qu'il y ait enfans de divers lictz, & ce par égalle portion : n'est qu'il y ait disposition au contraire : & saulf le droict de maisneté au maisné du premier lict, tel que dessus.

CVII. 145.

Du mesme.

Et s'il n'y a enfans, telz heritaiges ou rentes à rachapt devoluez lignes collateralles, succederont sur les plus prochains dudict trespassé, du lez & costez dont ilz procedent.

CVIII. 67 & 147.

De disposer desdicts heritaiges collateraulx.

Pour faire apprehension des heritaiges & rentes succedez en ligne collateralle, il convient en faire apprehension par claing endedens l'an ensuivant le trespas du proprietaire decedé ; & lors peult tel successeur (soit qu'il ait enfans ou non) disposer desd. heritaiges ou rentes, pourveu qu'il soit en tel estat qu'il estoit au jour de la succession d'icelle, & en joyr an & jour, & s'il n'estoit en tel estat lad. succession collateralle seroit reputée pour patrimonialle.

C I X. 148.

Que succeſſion collateralle doibt apprehender dedens l'an

Et ſi perſonne ne venoit dedens l'an apprehender ladicte ſucceſſion collateralle, en ce cas les biens ſeront apprehendez par le Mayeur de la Ville, & par lui gouvernez ſoubz ſa main, à charge d'en rendre compte à celui ou cuy leſdicts heritaiges & rentes à rachapt ſeront trouvées competer & appartenir, & ſera tenu celui qui y clamera droict, faire apparoir du degré de ſa proximité, aultrement n'y ſera admis, & s'il n'appert de quelque heritier endedens trois ans, telle ſucceſſion s'appliquera à noſtre prouffit.

C X. 14.

Des enfans ſuccedans en biens leur Pere ou Mere vivans.

Si aux enfans ou enfant du vivant de leur Pere ou Mere adviennent aucuns biens meubles, ſeront iceulx biens venduz au prouffit deſdicts enfans, & employez en achapt de rente ou heritaiges s'ilz ſont mineurs d'ans, deſquelz joyront leur pere & mere ou le ſurvivant d'iceulx, comme auſſi ilz joyront des heritaiges & rentes à rachapt qui eſcheront auſdicts enfans, provenans comme deſſus, durant leur minorité tant ſeulement; & ſi ledict enfant ou enfans eſtoient eagez, pourront eux-mêmes apprehender & joyr desdicts biens & advances comme de leur propre.

C X I. 108 & 109.

Du legataire deceder sans avoir disposé.

Quand aulcun heritier d'heritaige ou rentes heritiéres (desquelles il peut disposer) donne ses heritaiges & rentes simplement à aulcuns qui que ce soit, pour en faire sa volonté, sans déclarer pour lui & ses hoirs quant ores ce fut pour en joyr promptement, ledict don faict, ou après le trespas du donateur, & que en après tel donateur termine de vie à trespas sans en avoir disposé, iceulx heritaiges & rentes heritieres à rachapt retourneront & doibvent appartenir à l'heritier & plus prochain du donateur du lez & costé dont telz heritaiges seront procedez, mais si tel don estoit faict pour en joyr par le donataire & ses hoirs, iceulx & ses hoirs (en ligne directe seulement) en seront les heritiers si tel donataire decede, sans disposer dudict heritaige ou rente, & sans delaisser hoir en ligne directe, tel heritaige & rente retournera au lez & costé du prochain heritier du donateur, & peult ledit donataire disposer à son plaisir, combien que ledict donateur n'en auroit faict mention.

CXII. 160.

De se faire capable de payer debte.

Quiconcque apprehende meubles d'ung trespassé en qualité d'heritier, quelque peu que ce soit, il est tenu & capable de payer les debtes d'icelui trespassé.

CXIII. 151.

De apprehender sans voye de Justice biens des trespassés.

Quiconque apprehende de son auctorité les biens d'ung trespassé sans voye de Justice, il eschet en la peine de trente-trois blanez, les deux parz à nostre prouffit, & le troisiesme au prouffit de nostredicte Ville, & envers nostre Mayeur en neuf liv. tourn. saulf en ligne directe, où ils peuvent appréhender sans auctorité de Justice.

C X I V.

Que tous heritaiges tiennent cotté & ligne.

Toutes proprieté d'heritaige & rentes heritieres retourneront à leur cofté & ligne après le trefpas des viaigiers.

C X V. 63.

Que le proprietaire ne peult vendre fans que l'ufufruict foit confolidé avecq la propriété.

Le propriétaire & ufufructuaire pourront incontinent que le droit leur fera devolu apprehender ledict ufufruict ; & le propriétaire la propriété , & ledict l'ufufructuaire pourra vendre fondit ufufruict à cuy bon lui femblera , fi avant que de ce faire il foit aultrement puiffant, faulf la retraicte comme eft touché au chapitre defdictes retraites ; mais ledict propriétaire ne pourra vendre ladicte propriété que premierement l'ufufruit ne foit confolidé avecq la propriété avant dicte.

C X V I. 107.

De dontion nuptiale.

Une femme peult donner à fon enfant en avancement de fon mariaige ce que bon lui femblera, & ne fera tel enfant tenu rapporter ledict avancement venant à fucceffion de fa mere avecq les aultres enfans par égale portion , n'eft qu'il y ait devife contraire.

C X V I I. 31.

De adveſtures & wariſons.

Toutes adveſtures & aultres choſes & wariſons, eſtant ſur les heritaiges, terres & prez, ſont reputez debvoir la condition du treffon, juſques à ce qu'ils ſoient coupez ou cueillez, que lors ilz ſeront tenuz pour meubles.

C X V I I I. 33.

Des termes de louaiges & de rentes eſcheues avant le treſpas du poſſeſſeur.

Louaiges de maiſons & arrieraiges de rentes heritieres, appartiennent à l'heritier mobiliaire, ſi avant que les termes ſoient eſcheuz auparavant le jour du treſpas du poſſeſſeur, non à l'advenant du tems.

C X I X. 34.

Que tous heritaiges ſont tenuz pour patrimoniaulx.

Tous heritaiges dont poſſedent deux conjoinctz ſont reputez pour patrimoniaulx : ſi par faict eſpecialement n'appert du contraire.

CXX. 149.

De faire recognoiſſance de ſucceſſion à pluſieurs freres & ſœurs.

Si à pluſieurs freres & ſœurs eſchent ung ou pluſieurs heritaiges, ils peuvent relever chacun pour ſa part, & après recongnoiſtre leur portion, au prouffit l'ung de l'aultre, preſent la Loi, & peult celui à cuy appartient ledict heritaige ou portion faire claing d'aherſe & agir contre l'empeſcheur ſi aulcun en y a.

SUCCESSION DE BASTARDZ.

CXXI. 152.

Que nuls baſtardz ne ſont de par la mere.

En ſucceſſion maternelle n'y a nulz baſtardz naturellement, tant ſuccedent à leur mere, auſſi bien que aultres enfans procreez en leal mariaige.

CXXII. 153.

De ſucceſſion de baſtardz.

Et ſi ledict baſtard eſtant ſeulement naturel decede ſans diſpoſer de ſes biens, ou delaiſſer enfant legitime & naturel, ſa mere ſuccede en ſes biens & heritaiges, & ſi la mere eſtoit allée de vie à treſpas, en ce cas ſuccederont les plus prochains heritiers du coſtez d'icelle sa mere tant seulement ès biens venans de par icelle mere.

CXXIII. 154 & 155.

Encore de ce.

Mais quant aux aultres biens acquestez ou advenuz ausdicts bastardz, ils nous appartiendront à nos successeurs Seigneurs de Valenciennes. Si feront tous biens delaissez par tous aultres bastardz estant d'aultre nature : si comme des gens d'Eglise, adulteres & aultres de semblable condition.

CXXIV. 97.

CERQUEMANAIGES.

Quiconque demandera cerquemanaige, il l'aura, & se payeront les despens par celui qui les requiert, si avant qu'il soit trouvé avoir tort, ne fust que lesdictes parties accordissent de payer par moictié, ou à portion l'heririer des heritaiges, desquelz se fera ledict cerquemanaige, ou se payeront à l'ordonnance de Justice, & s'il y a aulcun expaisié estant heritier d'heritaige contre lequel l'on veult cerquemaner, le Mayeur de la Ville y doibt être appellé pour lui.

DES FRANCHISES, REMONSTRANCES, BANNISSEMENS ET HOMICIDES.

CXXV. 190.

De la franchise des forains.

Ung forain ayant commis homicide ou navré autruy, hors lad. Ville & Banlieu, peut joyr de la franchisse d'icelle Ville, en le requerant & envoyant vers deux Jurez de cattel, qui lui demanderont l'advenu du cas, & s'ils trouvent icelui cas estre de beau faict & non vilain, commis entre deux soleil, & que ledict requerant n'ait esté agresseur, lui accorderont icelle franchisse, en lui enjoindant de se tenir paisible, & ne prendre noise ne debat, sur peine de la hart & de perdre sa franchisse, & lui doibvent aussi dire qu'il garde de se trouver au chasteau le Conte, & en la maison & hostel de la Salle & ses appartenances, n'en la riviere de l'Escault, esquelz lieu ilz ne joyront de ladicte franchisse.

CXXVI. 191.

Du mesme.

Qui veult demander franchisse ne peult entrer en la Ville ou Banlieu auparavant l'avoir obtenu, n'estoit qu'il fust à ce contraint pour saulver son corps des amis du trespassé ou navré.

CXXVII. 192.

Du prevost le Conte povoir debattre ladicte franchisse.

Que nostre Prevost le Conte ou son Lieutenant, ensemble partie interessée, peuvent debattre ladicte franchisse accordée, & prouver le cas estre vilain, & non qualifié pour joyr de ladicte franchisse, duquel cas ledict requerrant sera tenu tenir prison, pour en estre puni s'il appert le cas non estre de beau faict & tellement qualifié qu'il ne doibve joyr de ladicte franchisse.

CXXVIII. 168.

Que le forain debteur peult prendre la franchisse pour debte.

Ung forain estant decliné de ses biens sans dol & fraulde, peult prendre la franchise de ladicte Ville, par laquelle il est francq quant à son corps, neantmoins les crediteurs peuvent poursuivir leurs debtes sur les biens dudict debteur, tant pardevant la Loï dudict Valenciennes, que ailleurs où iceulx biens sesont trouvez.

CXXIX. 193.

Que forains homicides sans franchisse ou remission, ne peuvent estre en ladicte Ville.

Forains ayants commis homicides au dehors de ladicte Ville & Banlieu, ne peuvent eſtre en icelle Ville & Banlieu, ſur peine d'en faire l'exécution ſi apprehendez & convaincus eſtoient, n'eſt qu'ilz ayent obtenu ladite franchiſſe, ou qu'ilz ayent lettres de remiſſion du Seigneur de Valenciennes ſuffiſamment interinées.

C X X X. 176.

Du bourgeois ou manant commectre homicide en ladicte Ville, & de demander le faict.

Quand aulcun bourgeois ou manant de ladicte Ville homicide aultruy en icelle, ſoit le bourgeois mort ou non, tel facteur eſt tenu endedens trois jours enſuivant par lui ou par l'ung de ſes complices, ſi aulcun en y avoit, mander le faict par lui commis, en le baillant par eſcrit ès mains d'ung bourgeois, en la préſence de deux aultres bourgeois, lequel bourgeois ayant ledict eſcript, l'apportera au Prevoſt & Jurez de la paix en nombre de ſept, en la préſence du Prevoſt le Conte ou ſon Lieutenant, lequel ſemont ledict Prevoſt & Jurez ſur ladicte reception, laquelle lors ſe faict pour valoir audit facteur ce que de raiſon, & en ce faiſant ne perd ledict facteur l'habitation de ladicte Ville, mais peult rentrer en icelle, après avoir obtenu remiſſion deuement enterrinées.

C X X X I. 177.

De celui non mander le faict.

Ung ayant commis homicide en la Ville & Banlieu, non faisant debvoir demander le faict endedens le tiers joun sera banni de ladicte Ville, & Banlieu, & le faict tenu pour vilain & meurdre.

C X X X I I. 178.

Que celui commectant homicide sur corps deffendant, doibt être déclaré absoult.

Si aulcun bourgeois, manant ou aultre homicide aulcun en ladicte Ville, en corps deffendant, tel homicide (en faisant suffisamment apparoir audict Prevost & Jurez de la paix) n'est reputé pour homicide, & est declaré absoult du cas.

C X X X I I I. 179.

De homicider en ladicte Ville le banni envahissant.

Mais si ung banny de la Ville se treuve en icelle, & face invasion contre aultre, & soit occis par celui qui seroit invahi, ledict invahi en demourera quitte & deschargé, posé qu'il ne fist apparoir que ce fust en corps defendant.

CXXXIV. 180.

Que au mandement de corps d'homme il faut apposer corps deffendant.

Qui se veult aider de corps deffendant, est tenu deposer au billet, qu'il mande le faict endedens le tiers jour après icelui advenu, protestant en faire apparoir en temps deu. Aultrement s'il ne le faict, & qu'il ne fust contenu audict billet de mandement, icelui ne lui pourra en ce cas aider ne valoir, & ne viendroit après à temps pour soi aider dudict corps deffendant.

CXXXV. 181.

Du navré qui trespasse non estant remonstré.

Quand aulcun, soit bourgeois ou non, navre aulcun à sang courant & playe ouverte, par ire ou courroux, & que tel navré termine vie par mort, sans estre remonstré selon la coustume de ladicte Ville, & que le doubte de la mort d'icelui ne soit mis jus, tel facteur soit que ledict navré trespasse par ladicte navreure ou aultre accident, est reputé pour homicide & pour tel doibt estre puni.

CXXXVI. 182 & 183.

De remontrance faire present Jurez de cattel & des loix.

Lesdictes remonstrances se font en trois manieres, assavoir

assavoir ; la premiere, que le facteur peult par le consentement du Maire faire remonstrer icelui pardevant deux Jurez de cattel, en le monstrant allant quarante pieds de loing ou plus, sans soi tenir ou appuyer à aulcune chose, lesquelz deux Jurez sont tenuz de venir recorder lad. remonstrance pardevant lesd. Prevost & Jurez de la paix, à la semonce du Prevost le Conte ou son Lieutenant (si avant qu'ils se treuvent appaisez) mectent jus icelle doubte de mort, en condempnant neantmoins ledict facteur, assçavoir si le cas est commis de jour & par ung bourgeois ou manant, à dix livres blancs; & si ledit cas a esté commis par ung forain, à trente-trois livres blancs, aussi s'il a esté commis de nuict, lesdictes amendes doublent sur lesdicts facteurs.

C X X X V I I. 184 & 185.

Aultre voye de remonstrances pour estre veu vif, au dehors la Ville.

La seconde voye est, que ledict navré de son consentement quand il ne peult bonnement aller, se laisse porter ou mener hors ladicte Ville & Banlieu, auquel lieu soit qu'il voise ou non, il est remonstré pardevant ung bourgeois d'icelle Ville estre vif, aussi si ledict navré se tenoit hors lad. Ville & Banlieu gueri ou non gueri de ladicte navreure, & qu'il fut veu & remonstré pardevant deux desdicts bourgeois, fusse de son consentement ou non, & que lesdicts bourgeois facent le rapport desdites remonstrances pardevant lesdicts Prevost & Jurez en tel nombre que dessus, & en la presence dudict Prevost le Conte ou son Lieutenant, affirmant & declarant par leur serment, que ledict navré ilz ont veu vif estant hors la Banlieue, ledict Prevost & Jurez à la semonce que dessus mectent jus le doubte de la mort, en condempnant ledict facteur ou facteurs aux amendes que dit est.

CXXXVIII. 186 & 187.

La tierce voye de remonstrance.

La tierce voye est quand aulcun navré est en la Ville, non soi veuillant laisser remonstrer par la sorte que dit est, demourant en sa maison, ou portant baston pour soi appuyer, estant en bonne convalescence, il est permis & loisible au facteur soi retirer vers ledict Prevost & Jurez de la paix, leur donnant à congnoistre l'estat du navré, avecq son refus de soi laisser remonstrer, en requerrant provision de remonstrance. Ce faict ledict Prevost & Jurez à la semonce que dessus dict est, ordonnent par maniere de provision, à deux sergeans de la paix prendre avecq eux les Medecins & Chirugiens sermentez à ladicte Ville, & par ensemble visiter ledict navré, pour après si par leur rapport & serment deuement faict par lesdicts Chirurgiens il est trouvé sain & gueri, mectre par iceulx Prevost & Jurez à la demande que dessus, jus la doubte de la mort, en condempnant le facteur ès amende que dessus.

CXXXIX. 188.

De encore remonstré le navré.

Aussi si tel navré estoit allant publiquement à val la Ville, sans soi appuyer, il est permis au facteur sans le sceu ou consentement dudict navré le remonstrer devant deux Jurez de cattel, lesquelz font semblable record que dessus, & est sur ledict record ladicte doubte de mort mise jus, en condempnant esdictes amendes.

CXL. 189.

Que ces trois manieres de remonstrances sont presomptives.

Lesquelles trois manieres de remonstrance sont & seront entendus presomptives, tellement que si le Prevost le Conte ou son Lieutenant veult faire apparoir du contraire, sçavoir que le navré soit trespassé de la navrenre, icelui facteur sera tenu & puni comme homicide.

CXLI. 173.

De appeller par cry publicq les facteurs quand les cas sont inconnuz.

Lesdicts Prevost & Jurez de la paix ont auctorité; que quand aulcun cas ou malefice vilain est commis, en ladicte Ville & Banlieu, & que l'on ne peult sçavoir qui ou quelz ont faict le cas, de faire appeller par cry publicq à la bretefque de laditte Ville endedens le temps fur ce limité lefdicts facteurs, venir denoncer icelui mefuz, & eftre à droict, & fi ilz font de ce défaillans tel cas eft reputé pour faict vilain, & comme tel eftre puni.

CXLII. 174.

Du banny trois ans.

Quand aulcun mefufant eft banny de la Ville l'efpace de trois ans, & il rentre en ladicte Ville avant led. temps expiré, fans avoir obtenu rappel de ban, il eft derechef pour contemnement, par lui faict dudict ban mis au chep par l'efpace de vingt-quatre heures, & après banny à toujours d'icelle Ville.

CXLIII. 175.

Du banny à toujours.

Que les bannys à toujours de noftredicte Ville ne peuvent rentrer en icelle fans rappel de ban, fur peine fi trouvez y eftoient, & fuffent apprehendez, que la Juftice s'en feroit felon l'exigence du cas.

CXLIV. 172.

Des executions criminelles.

Que dorefenavant les delinqans & malfaiteurs ayant defervi la mort, feront condempnez à eftre executez publicquement, par l'espée, par la corde ou par le feu, selon que les cas le requierront, sans que l'on puisse plus user de executer secretement, ou aultrement, par la fosse, & après le bannir cent ans & ung jour, comme auroit esté faict par ci-devant, saulf que pour garder l'honneur des parens du delinquant, on les pourra executer par l'espée, au lieu là où par ci-devant on les executoit par la fosse à la demande & semonce dudict Prevost le Conte ou son Lieutenant, & aultrement non.

C X L V. 221.

CHIEFLIEU DE VALENCIENNES.

Nostredicte Ville de Valenciennes aura auctorité & préeminence de chief de sens; asçavoir, de donner advis par forme de chief de sens, en plusieurs bonnes Villes & Villaiges scituez en nostre Comté de Hainault, Flandres, Cambresis, Tournesis & ailleurs, où ilz ont accoustumé de bailler.

C X L V I. 222.

Que en succession l'on se doibt reigler comme en Vallenchiennes.

Que lesdictes Villes & lieux soubz ledict chief de sens regleront en faict de succession d'heritaiges & biens meubles, selon le coustume de nostred. Ville de Valenciennes, n'eſt qu'ils ayent aultres particulieres couſtumes au contraire.

CXLVII. 223.

De édicter au Chiefleu poinctz de Chartres.

Que aulcuns deſdictes bonnes Villes & Villaiges [dudict Chieflieu veulent faire ou renouveller aulcuns ſtatutz & loix, pour la police des lieux & biens publicq d'iceulx, il convient que leſd. loix & ſtatutz ſoient veuz & viſitez, corrigez & approuvez par le Prevoſt, Jurez & Eſchevins de ladicte Ville de Valenciennes. Et que après ladicte approbation ſeront les ſubjectz d'iceulx lieux tenuz eulx reigler & conduire ſelon icelles Loix & ſtatutz; ſaulf que telz ſtatutz ne nous concernent en noz ſucceſſions, & qu'ilz n'emportent effect de privilege, ou aultre choſe dependante de noſtre auctorité.

CXLVIII. 224.

De ce meſme.

Leſdictes Loix & ſtatutz ſe font & renouvellent ſur claing que font les Seigneurs, ceux de la Juſtice, & tous manans & habitans deſdictz lieux, ou la plupart d'iceulx: & lequel claing eſt apporté auſdicts Prevoſt, Jurez & Eſchevins, leſquelz ſur icelui font leſdictes loix & ſtatutz, leſquelz ſe doibvent publier ès lieux pour leſquelz ſont ilz faictz, & en ſont eſcript deux doubles.

dont l'ung est mis au ferme, & l'aultre ès mains du Seigneur.

CXLIX. 225.

De bailler charge sur toutes matieres.

Lesdicts Prevost, Jurez & Eschevins de Valenciennes congnoissent & baillent charge sur toutes & quelconques matieres qui se font & traictent pardevant Mayeur & Eschevins dudict Chieflieu : & sont les Justices & subjectz dudict Chieflieu tenuz eulx reigler & conduire selon & par la forme & maniere que s'ensuit.

CL. 226.

De ce encore.

Asçavoir quand aulcun veult agir contre aultrui, pour quelque matiere que ce soit, pardevant Mayeur & Eschevins dudict Chieflieu, il est requis que tel poursuivant par soi ou son procureur souffisamment establi, face son claing par escript, contenant sa demande : sur lequel claing ledit Mayeur & Eschevins ordonneront à partie en prendre copie, & y repondre endedens quinzaine, à peine de forclosion.

CLI. 227.

Desdictes charges encore.

Et après ce que le deffendeur aura baillé sa requeste par escript, ordonneront audict clamant ou demandant y respondre par escript endedens aultre quinzaine, à peine que dessus : & ce faict ordonneront au deffendeur prendre copie, & y duplicquer, à aultre quinzaine & à semblable peine.

C L I I. 228.

Qu'il convient respondre à toutes fins.

Item. Ledict deffendeur par sa deffense sera tenu de proceder à toutes fins, & ne pourront lesdictes parties plus avant escrire que de demande, responsе, replicque & duplicque.

C L I I I. 329.

De apporter le procès au Chieflieu & d'avoir tax.

Et après que lesdictes parties ont escript comme dessus, ou qu'elles en soient forcloses, tous lesdicts escriptz seront rapportez par deux d'iceulx Eschevins & non plus, audict Chieflieu, lesquelz du Chieflieu ordonneront & delivreront par escript, audict Mayeur & Eschevins, ce qu'ils auront à faire en ladicte matiere, & seront taxez les journées & vacations de ceulx qui apporteront lesdicts escriptz eu regard aux personnaiges & distances des lieux, sans pouvoir prendre ou avoir plus grand salaire que ne leur sera tauxé par lesdicts de Valenciennes.

C L I V. 230.

De ordonner les parties en monstrance.

Item. Si les parties sont trouvées contraires, ou en enqueste, elles feront leurs monstrances par tiltre, enseignemens ou production de tesmoings, comme bon leur semblera, en faisant par le Mayeur signifier partie adverse, pour lesdicts tesmoingz veoir jurer & produire, ensemble au produisant. Et soit que la partie signifiée vienne ou non au jour à elle assigné, l'on procedera à l'audition des tesmoings, reception des tiltres & enseignemens, & fera ladicte partie aultrefois signifiée, pour y bailler reproche endedens quinzaine ensuivant, à peine de forclosion.

C L V. 231.

De servir de salvation endedens la quinzaine.

Contre lesquelles reproches la partie pourra servir de salvation si bon lui semble, endedens aultre quinzaine, à peine que dessus.

C L V I. 232.

De apporter le procès instruit à Chieflieu.

Item. Le procès ainsi instruict, sera derechief rapporté audict Chieflieu par deux desdicts Eschevins, pour en avoir ordonnance dudict Chieflieu, soit par ſentence diffinitive ou aultre, comme ils voiront au cas appartenir, laquelle ſentence ou aultres appoinctemens deſdicts Prevoſt, Jurez & Eſchevins ſe prononcera par leſdicts Eſchevins à la ſemonce de leur Mayeur, en leur lieu & jugement accouſtumé.

CLVII. 236.

De poyr appeller, &c.

Que la partie ayant eu ſentence contre elle, pourra d'icelle ſentence ſi bon lui ſemble appeller, & devra relever icelui appel enſuivant l'appoinctement & ordonnance ſur ce faict & baillée pardevant leſdicts Prevoſt, Jurez & Eſchevins de lad. Ville de Valenciennes, & aultres à ce commis, ſelon le contenu dudict appoinctement. Et ce pour aultant qu'il touche ceux du Chieflieu eſtans en noſtredict Pays de Hainault, leſquelz releveront ledict appel endedens quarante jours enſuivant la datte de lad. ſentence, par commiſſion de noſtre grand-Bailli de Hainault.

CLVIII. 237.

Que Mayeur & Eſchevins ordonneront partie condempnée eſtre ſignifiée de prendre copie des deſpens.

Et quand l'une des parties eſt condempnée ès deſpens, & elle n'a appellé, ſi la partie ayant obtenu veult eſtre payée d'iceulx deſpens, & elle baillera ſon claing par eſcript, avecq déclaration deſdicts deſpens, aux

Mayeur & Eſchevins, pardevant leſquelz le procès auroit eſté. Leſquelz Mayeur & Eſchevins ordonneront la partie condempnée eſtre ſignifiée, & prendre copie de ladicte déclaration, pour allencontre d'icelle bailler diminution endedens une quinzaine, à peine d'en eſtre forclos.

C L I X. 238.

De taxer leſdicts deſpens.

Et ce faict ladicte déclaration de diminution ſé d'aulcune a eſté ſervi avecq les verifications que le demandeur aura exhibé pour verifier iceulx deſpens, ſera rapportée audict Chieflieu, ou iceulx deſpens ſeront tauxez. Et ne ſeront aulcuns deſpens tauxez d'enqueſte ou monſtrance, s'il n'appert par le billet du clercq qui auroit faict leſdict monſtrance, ou par record du Mayeur & Eſchevins; & lad. taxation faicte ſera envoyée par lettres cloſes auſdicts Mayeur & Eſchevins, leſquelz la prononceront en jour de plaix & lieu accouſtumé.

C L X. 239.

Que tous Chyrographes de contractz ſeront mis en ferme dedens xl. jours.

Item. Que tous contract & obligations paſſez pardevant les Loix eſchevinales dudict Chieflieu & requis que lettres en ſoi faictes & ung double d'icelle mis au ferme endedens xl. jours enſuivans.

C L X I. 240.

De faire ouvrir le ferme & de chyrographe perdu.

S'il advenoit que par celle partie se veulent aider de tel chyrographe ou lettres eust perdu sa piece, elle peult par congé du grand-Bailly de Haynault, ou par vertu de charge baillée audict Chieflieu sur claing à cette cause par elle faict, faire faire ouverture dudict ferme, & contre la piece y trouvée faire collationner ou vidimer copie, laquelle sera signée du clercq au commandement des Mayeurs & Eschevins, de laquelle il se pourra aider comme il eust faict de celle qu'il a perdu.

C L X I I. 241.

De recordz d'Eschevins se debvoir faire endedens six ans.

S'il advenoit que de telles conventions & traictez passez pardevant lesdict Mayeur & Eschevins ne fussent faictes lettres ne chyrographes, & que l'une des parties se voulsit aider de tel contraict ou convent, icelle partie debvra faire claing pardevant lesd. Mayeur & Eschevins, ayant esté present ausdictes conventions & contractz. Lesquelz en tel nombre qu'ilz auront esté fut deux ou trois ou plusieurs, seroient restablis audict estat d'Eschevins, si alors ne l'estoient, & après led. restablissement recorderoient pardevant lesdicts Mayeur & Eschevins, ce que devant eulx auroit esté faict & besongné, & dud. record seroient faictes lettres, & d'icelles deux doublez, dont l'ung seroit mis au ferme & l'aultre delivré à la partie qui s'en vouldroit aider lesquelles lettres de record seront de tel effect & valeur comme auroient esté & seroient les lettres, qui premieres auroient esté faictes : saulf que le record se debvra faire endedens six ans après la datte du contract ou convention.

COMMANDEMENS.

Tous lesquelz poinctz & articles & chacun d'iceulx, avons par l'advis que dessus, par nous, noz hoirs & successeurs, Comte & Comtesse de Hainault grée, loé, confirmé, approuvé & auctorisé, gréons, louons, confirmons, approuvons & auctorisons par cesdictes présentes, comme Loix, coustumes & usaiges par escript, en nostredicte Ville de Valenciennes, banlieu & Eschevinaige & Chieflieu d'icelle. Veuillant & ordonnant, que à l'advenir l'on les tiengne & repute, & nous-mesmes les tenons & reputons pour telz, sans qu'il soit besoing aux parties les prouver & verifier par tesmoings ès causes, querelles, procès, matieres & poursuites, à mouveoir & intenter en nostre Eschevinaige de Valenciennes. Ains seulement les alleguer & produire en leurs causes & matieres par extraits soubz le signe du Greffier de nostred. Ville ou Eschevinaige, ou aultre officier d'icelle, à l'ordonnance de nostredict Prevost & Eschevins. Auquel extraict voulons foi estre adjoucté, & avons interdict & défendu, interdisons & défendons par cesdictes présentes, à tous nosdictz subjectz & manantz, & aultres, qui ci-après auroient causes ou procès pardevant nostredict Prevost, Jurez & Eschevins, de alleguer, & aussi à nosdicts & Eschevins, de recepvoir & admectre ès causes & matie-

res à demener & intenter pardevant eux, aultres coustumes & usaiges que ceux ci-dessus escriptz. En abolissant toutes & quelconques les coustumes & usaiges non ci-dessus escriptes & touchez. Et si avons ordonné & ordonnons, que s'il advenoit aulcun cas qui fut comprins esdictes coustumes & usaiges, ou que par iceulx ilz ne se puissent decider ou déterminer, que on se regle selon la disposition du droict escript : & deffendons que lesd. coustumes & chacunes d'icelles, ensemble lesdicts usaiges ne soient interpretez par aulcuns faictz ou usaiges que l'on pourroit proposer ou alleguer sur iceulx. Et que à ce les parties ou practiciens ne soient receuz, ains voulons qu'ils soient reboutez par fin de non recebvoir, & que l'interpretation s'en face selon le droict escript & non aultrement & si avons reservé & servons à & à nosd. successeurs de pouvoir changer, corriger, amender & refermer, limiter & interpreter lesdictes coustumes & usaiges, toutes & quantefois qu'il nous plaira, & qu'il se trouvera par nous & nostredict conseil estre expédient & nécessaire de faire. Declairons au surplus, que n'entendons soubz umbre desdictes coustumes & usaiges aulcunement deroguer ne préjudicier à nos droicts, haulteurs & demaines : & aussi aux droictz, loix, franchises & privileges de nostredicte Ville, par ci-devant accordez par nous ou nos predecesseurs, desquelles lesdicts de Valenciennes au nom de nostredicte Ville sont en bonne & paisible joyssance & possession. Et entendons que lesd. coustumes & usaiges ci-dessus déclarées auront seulement lieu au regard des procès, question & poursuite, que seront à venir &

entamez après la publication desd. coustumes & usaiges. Et au regard des procès encommencez avant la datte de ceste, & sur lesquelles la demande sera faicte & formée en jugement, ilz seront jugez & determinez selon les coustumes & usaiges observez en nostred. Ville avant ladicte publication. Si donnons en mandement ausdicts Prevost, Jurez & Eschevins de nostred. Ville de Valenciennes, que nostre presente confirmation, agréation & approbation des coustumes & usaiges, selon & par la maniere qu'ils sont ci-dessus conclus & remis, ilz observent & entretiennent, & facent observer & entretenir en nostred. Ville, Banlieu & Chieflieu d'icelle. Et affin que nul ne pretend cause d'ignorance, les facent publier & notiffier par jour & heure de plaidct, & en présence des practiciens de nostredicte Ville & aultres qui trouver si vouldroit. Et pour ce qu'il est vrai semblable que de cesdictes presentes l'on pourroit avoir affaire en plusieurs & divers lieux, voulons que au vidimus d'icelle soubz seel auctenticq ou à la copie collationnée & signifiee par l'ung de noz secretaires, Greffier ou aultre personne auctenticque, foi soit adjouctée, comme à ces mesmes presentes. Auxquelles en tesmoing de ce nous avons faict mectre nostre seel. Donné en nostre Ville de Binch le xxiij jour du mois de Mars l'an de grace mille cincq cens & quarante, de nostre empire le xxj. Et de noz regnes de Castille & aultres, le xxv. Dessoub estoit escript.

Par l'Empereur en son Conseil.

Et signé Verreyken.

www.ingramcontent.com/pod-product-compliance
Ingram Content Group UK Ltd.
Pitfield, Milton Keynes, MK11 3LW, UK
UKHW020350180726
13839UKWH00003B/1010